その声はいまも

高良留美子

思潮社

その声はいまも

高良留美子

思潮社

目次

Ⅰ　その声はいまも

その声はいまも　8
いのり　12
河の老人　14
探す人　16
胎児　18
希望という名の　20
歴史劇　22
天空のドラマ　24
卵を埋める　26
月女神を探せ　28
昆陽池《こよいけ》で　34
人間の壁　36
生きて　38

Ⅱ　戦争のなかで生まれて

広島　42

老兵たち　44

サッカーが蹴球《しゅうきゅう》と呼ばれていたころ　46

戦争のなかで生まれて　48

北田中の山本さん　56

Ｙデーの記録　60

Ⅲ　夜の迷走

出逢い　66

海の色の眼をしたひとへ　70

夜の迷走　74

詩《ポエジー》がない？　76

遊郭　78
友人たち　80

Ⅳ　物語の真ん中
坂道　86
物語の真ん中　88
校正　92
線路を探す　94
おびんずる様　96

あとがき

装幀＝思潮社装幀室

I　その声はいまも

その声はいまも

あの女《ひと》は　ひとり
わたしに立ち向かってきた
南三陸町役場の　防災マイクから
その声はいまも響いている
わたしはあの女《ひと》を町ごと呑みこんでしまったが
その声を消すことはできない

〝ただいま津波が襲来しています

高台へ避難してください
海岸付近には
絶対に近づかないでください〟

わたしに意志はない
時がくれば　大地は動き
海は襲いかかる
ひとつの岩盤が沈みこみ
もうひとつの岩盤を跳ね上げたのだ
人間はわたしをみくびっていた

わたしはあの女《ひと》の声を聞いている
その声のなかから
いのちが甦るのを感じている

わたしはあの女《ひと》の身体を呑みこんでしまったが
いまもその声は
わたしの底に響いている

いのり

わたしは海の水に触わりたかった
水辺でひざまずきたかった
海はごつごつした岩に隔てられ
地面は雪の下で冷えていたけれど
殺戮のあとの邪気は　あたりに
立ちこめていなかった

〃海を憎まない〃という

漁民の声が聞こえた　それは
〝大地を恨まない〟という声に聞こえた
わたしは死者たちのために祈った
大地に　海に
霊たちを安らかに眠らせてほしいと

花は咲いていなかったけれど
消えた松林に吹く風は冷たかったけれど
わたしは霊に祈った
いつか　よりよい世のために
新たないのちとなって
生まれ変わってきてほしいと

河の老人

老人は河のほとりに立ち、わたしの出す楽観的な見通しに一つひとつ否定の言葉を発していた。そうではない、それは違うと。
「河は氾濫する。それから干上がるだろう……」

〝ヴァッサークォーク　ヴァッサークォーク〟
暁の鳥が鳴いていた。

水がいく筋にも分かれて木々のあいだを流れ、足もとの地面を洗っている。
ガンジス河のほとりだ。

三階建ての建物の最上階にわたしはいた。背後に人びとの気配があった。窓から見降ろすと、眼の下の水面がせり上がってくる。水はうねりながら嵩を増し、灰みどり色の水面を盛り上げていく。河も村も道も見えない。空と水の境界もなく、あたりには水の気が立ちこめている。水はすでに一階を覆い尽くした。まもなく二階を呑みこみ、わたしのいる窓までくるだろう。
助かる見込みはない。

気がつくと、水は引いていた。
もう何日も、虫の声が聞こえない。

探す人

わたしは湖のふちを歩いている。夫である人を探している。低い石段に水がひたひたと打ち寄せる、広い会堂に入っていく。ガラス張りの会堂では、人びとが黙って腰掛けている。軽い音楽が流れている。わたしの差し迫った関心とは関係がないらしい。

会堂を出て門のほうへ行く。背広を着た男たちが門柱の周りにたむろしている。わたしはその一人に近づいていき、話しかける。かれらが支援者だとわかったから。

「ヒンディ語をする人はいるのですよ」一人が言う。

「わたしの場合はアラビア語だと思います」もう一人が答える。「かれが行方不明なのです」とわたしは言う。文書を翻訳してもらわなければならない。

拷問ということがあり得る。すでに殺されてしまったこともあり得る。

わたしにそれがわからないだろうか。感じないだろうか。

アンチレバノン山脈がくっきりとした稜線を空に刻んでいる。「こちらの女の子のつくるスープはなかなかいいのですよ」日本人の記者が話している。「玉葱、香辛料、なんとかいう野菜だったかな。それに羊の肉……。日本はやはり花嫁修業にかぎります」

詩のことばがフツフツと湧き出ようとしていた。透明な、乾いたことば。

わたしは長老という人に会おうとしていた。

胎児

「以前未遂をなさったときにとても打撃を受けておられて」誰かが誰かのことを話している。「本番ではほとんど意識がない状態で……」

妹のおなかにいた胎児のことだろうか。わたしが死なせてしまった胎児のことだろうか。わたしは（自殺）未遂をしたことはない。妹は妊娠することはなかった。

誰のものでもない胎児、子宮を失ってしまった赤ん坊。それはいま、わたしの小さな庭の叢《くさむら》にうずくまっている。地球の迷路に踏みこんだ、天からきた孤児のように。
自分が死んだことをいまも知らないでいるのかもしれない。

希望という名の

生家の食堂、そこが新しい編集室になる。サンルームを通して庭からの光が射しこんでいる。風が吹き抜けていく。四方のドアがあき、玄関に通じる廊下からも階段のほうからも、知った顔がのぞく。「エスポワールにしよう。エスポワールがいい」一人がいう。雑誌の名前だ。空気がざわつく。「それじゃ河本君にわるいよ」顔の見えない誰かがいう。「希望《エスポワール》」は広島の原爆を意識的契機として、かつて河本英三が創刊した若者の文化運動誌だ。そのことは皆が知っている。

「希望にしよう」ぼんやりと浮かんだ白い顔がいう。真ん中のテーブルの上、柱時計の下あたりから、かれは身を乗り出している。

(誰だろう?)

父がいた。母がいた。お祖母ちゃんも妹もいた。姉は留学中だったろうか。皆去ってしまったが、妹は真っ先に、誰よりも早く去っていった。

わたしは誰かと一緒に、隣の祖母の部屋を背にして座っている。生家の食堂の、板の間の部屋で。高い天井を、風が庭から、木々の葉群《はむら》をぬって通り抜けていく。

歴史劇

竹林の途切れるあたりが即席の舞台になるはずのところだ。彼方で日本兵の兵隊帽がカーキー色の影のように、雲のように動いている。

どこからかひとが出てきて、二体の白い人形を地面に置いた。それは「人」の字の形をしていた。粗い布でこしらえた人形に目鼻はなく、なかには綿が詰まっているようだった。

それが母と娘の死体だということが、わたしにわかった。

集まってくる村人たちの前で、劇がはじまろうとしていた。

天空のドラマ

地上では人と人の関係が熱を帯び、もつれあい、かたまりあって
うごめいている。わたしもその一人だ。
見上げると、頭上に一面の濃紺のドームが広がっている。
地平線すれすれに巨大な北斗七星が横たわり、振り返るとあの三
ツ星が、はっきりと、斜めに地上を指している。
壮大な天空のドラマである。

卵を埋める

わたしは雪のなかに卵を埋めている。

いまは二つだけが上着のポケットに残っている。アヒルの卵より大きめの丸みが、右手の指の腹に滑らかに触れている。左手にはさらに大きな、ぶよぶよの殻の感触がある。指をつっこめばたちまち壊れてしまうだろう。

雪は神社の拝殿の階《きざはし》の横に、水平に降り積もっている。わたしは目の前の垂直な断面に、すでに多くの卵を埋め終えた。外からは見えないが、白い卵が点々と雪の壁に埋まっているはずだ。

神社の重々しい屋根をかすめて、黒い鳥たちが飛び交っている。羽音を立ててしきりに鳴き交わしている。カラスだろうか。でも雪のなかの卵は保護色だから、鳥たちの餌食になることはないだろう。

冷たい雪のなかで、卵は孵るだろうか。〝埋める〟とは〝生める〟だろうか。

鳥たちが親だとわたしは感じている。

背後に、なにものかの気配がある。隠れ住むものをひっそりと包みこむ、厳かで穏やかな雰囲気が醸しだされている。地を踏まえ、天を指して立つ御柱《おんばしら》だ。ここは死と再生の地、諏訪なのだ。

子どもたちの声が聞こえる。近隣の小学生が遊んでいる。女の子の声もする。かつて卵から孵り、これからも孵るだろう子どもたちだ。

月女神を探せ

「あなたはついに縄文土器のなかに卵を見つけることができなかったのですね」わたしは縄文文化と諏訪の古い祭りについて調べている友人に、しきりに話しかけている、醒めかけた夢のなかで。

わたしもそうでした。でも大丈夫、諏訪の神は胞衣《えな》をつけた童子の姿で生まれるのです。まるで卵の殻をつけた蛇のように。かれは月女神の子供、この国のディオニュソスです。中世には芸能の民の守護神となり、胞衣は猛威をふるう荒神になったといいます。*

よくご存知のように、諏訪から伊那にかけては湛《たたえ》と呼ばれる場所がたくさんあり、小さな祠《ほこら》のなかに男根の形をした石棒が祀られています。祠のそばにはきまって大きな岩があり、檀《まゆみ》や檜、松や桜などの木々が背後から石の神を守っています。湛には巨岩が覆いかぶさっていたり、深い淵があったりします。そして胞衣は真綿を薄く引き伸ばした袋状のものに細工され、扇の要につけられて奉納されているのです。

ディオニュソスも蛇の冠をかぶって生まれた子供です。ディオニュソスの母、新月の女神セメレはゼウスの雷梃に打たれて殺されました。大昔、世界のいたるところで起こった月の女神殺しは、やがてこの列島でも起こりました。月神さまはもうお仕舞いだ、これからは日神の時代だ……そんなどよめきが不気味な海鳴りのように響いてきて、やがて月神狩りが始まりました。人びとは怖れおののいて日神信仰に走り、月女神はその名を口にすることさえできなくなりました。

月神信仰の中心地、出雲での国譲りが最大の出来事でした。この衝撃を諏訪に伝えたのは、出雲から逃げて諏訪に侵入したタケミナカタとその軍勢だったでしょう。杵築《きつき》に大社は建てられるが、月女神の祭りは終わりだ。祭器はこわし、神話は隠さなければならない。月女神は山中深く身を潜めました。もともと月神は大地母神であり、冥界の女神でもあるのです。

しかし諏訪には、満ちては欠け、欠けては満ちる月への信仰とともに、死と再生の思想が深く根づいていました。脱皮し冬眠して春に甦る蛇は月のシンボルとして、月崇拝が禁じられたあとも生きつづけたのです。月女神に捧げられた生け贄の血のもたらす、豊穣の観念とともに。

諏訪信仰圏でかつて盛大に行なわれた儀礼では、選ばれた六人の少年が厳冬の大室《むろ》で三匹の萱《かや》製の蛇体とともに百日間忌みごもったあと、春になると、諏訪神社の大祝《おおほうり》の使いとして各地のミシャグチ神のもとに遣わされます。鹿七十五頭の頭《あたま》の血と、大松明の火と饗宴の酒で祝い、赤い衣を着て、葦、薄《すすき》、藤蔓、柊《ひいらぎ》、辛夷《こぶし》、柳などの植物群に囲まれて村々の湛を巡回していくのです、馬に乗り、何日もかけて儀式を行ないながら、その年の豊作を祈願して。しかし少年たちは重要な儀式の頂点で、馬上から引きずり下ろされて殺されたと伝えられます。かれらは諏訪の古い祭政体が月女神に捧げた人身御供だったのでしょうか。

村々の湛では、祠にいる、男根の形をして胞衣をかぶった童子が少年たちを迎えたはずです。でも童子は湛の本尊ではなく、岩のなかに隠れている、今は名前さえ忘れられた月女神こそがご神体であり、本尊なのです。湛とは、人びとがそこで秘かに月神を称えたためそう呼ばれた聖地でした。

湛の木々を伝って天空から下ろされるのは、外来のミシャグチ神だと考えられているようですが、あなたのいう風の精霊かもしれず、豊穣の神・雷鳴かもしれません。でもゼウスのような殺し屋でないことは確かです。月女神が雷鳴と交わり、大地が天空とまぐわって童子姿の植物神・穀霊を産む……湛は月の女神殺しが起こる前の、原初の神話的時間を再現する舞台なのです。

童子が猿楽をはじめとする芸能の徒の守護神になったのは、生け贄とともに月に芸能が奉納されていた儀式の再現です。かれらの芸能は、好色な笛吹きサテュロスや酩酊した巫女たちの乱舞供宴するディオニュソス祭とも、どこかで繋がっているのです。

そして胞衣が猛威をふるう荒神になったのは、月女神の怒りがそこにこもっているからです。

*中沢新一『精霊の王』

昆陽池《こやいけ》で

その池には毎年十一月の上旬、北国から白鳥をはじめとする多くの渡り鳥が冬を越すために飛来する。この池で、しばらく前から吹き矢とみられる矢の刺さったカモが相次いで見つかっている。今度は水門近くの池のなかに、頭部を切られたカラスの死骸が浮いているのが発見された。犯人はまだ捕まっていない。

雨が降っている。その雨に矢が混じり、大勢の人に刺さったという。そして矢に付着していた放射性物質に汚染された。

わたしたちはバスで到着した。数人で入口に立って、外を見ている。

不意に夫ともう一人の人がバスを降りていった。雨は激しく降り、救援作業をしているかれもほかの人たちもびしょぬれだ。すでに放射性物質を浴びてしまったにちがいない。どのくらいの線量だろう。

わたしはバスの外に出た。

人間の壁

最上階が富豪の方がたのお部屋になっております。ホテルの入口で女性従業員が教えてくれた。女の国際会議は下の階すべてで開かれる。わたしはエスカレーターで最上階に行ってみた。セレブたちの流れがスムーズにいくかどうか、調べなければならない。

彼女たちを呑みこんで、部屋べやの扉は閉ざされていた。前の広間に、別の女たちが集まっている。雇用者《リーダー》の命令で一人ずつ床に横たわる。背をこちらに向け、一人の上に別のひとりが、その上にまたひとりが。

褐色の直毛、黒い縮れ毛、赤毛、白髪混じり、まれに金髪、まちまちの髪が重なる。模様入りのワンピース、ジーンズ、色もののパンツと、服装もさまざまだ。

やがて彼女たちのつくる壁が完成するだろう。部屋から出てくる富豪の女たちが迷わずに会場へ行けるように、命令一つで動く伸縮自在、出没自在の人間の壁だ。

一人一日何ドルかでかき集められた女たちの群れだ。むこうを向いているため、顔は見えない。

いずれ、彼女たちはこちらを向くだろう。

生きて

風が吹くとゆれる
（生きている）
古い神社の森を呼吸する
（生きている）
肉屋の看板を振りかえる
（生きている）
自転車で走る
（生きている）

電線が束になって波うつ
(生きている)
足の下で大地がゆらぐ
(生きている)
〝宮城《みやぎ》だ〟という声がする
(生きている)

友人からメールが届く
「実家に帰っていた甥の連れあいが……
年寄りも　赤ん坊も一人のこらず……」

生きて　生きて　生きて　生きて
生き返れ

II　戦争のなかで生まれて

広島

平和という名の大通りには
死んだ人たちの躰が埋まっている
平和という名の広場からは
水がほしいという声が聞こえてくる

人間が手に入れた平和の
代償のように

子どもたちが流れていった河には
小さな蟹が穴をつくって住んでいる
かれらの魂の生まれ変わりのように

明日を信じていた
子どもたちの

老兵たち

会いにきた女性と、わたしは地下室で話している。

「あなたに挨拶したとき、そばに背の高い男の人が立っていたでしょう。あの人もその一人です。老人です。戦争に行った人たちです。みな人を殺しています。それも戦闘ではなく、「上官の命令は陛下の命令である！」と恫喝されて、捕虜を刺殺したのです。肝試《きもだめ》しと称して。その感触とぬめりが腕に残っているのです。幽鬼のようにみえるでしょう。救われないのです。道を探しているのです。祈りか？　語ることか？　国の責任を問うべきなのか？　あなたたちの集会に出席しようとして、かれらは隣のビルディングの屋上に集まっているのです」

地下室は息苦しく、わたしたちは地上に出た。女たちの数は増えていた。わたしは女たちの集会とかれらとの接点をみつけようとしていた。

サッカーが蹴球《しゅうきゅう》と呼ばれていたころ

わたしは長いあいだその人の名前を覚えていたが、いまは記憶のかなたに飛び去ってしまった。

かれは甲種合格の青年としてわたしたちの前に現れた。男子部の運動場で、六年生に蹴球を教えてくれた。

ネットはそこらに転がっていた石で代用した。その前に立つ二人も決めた。思い切って脚を伸ばす。体がぶつかる。もつれる。走る。ボールを蹴る。追いかける。先生の笛が鳴る。止まる。走る。ボールが飛んでいく。

音楽家になった山本直純が生き生きと動いていたのを思い出す。小柄な体を回転させて、敏捷に、うれしそうに。かれの母親が亡くなる少し前のことだ。五人目の子を聖母病院に連れていき、日射病で仆れたと聞いた。

わたしたちはその秋、那須に学童疎開した。山本君の吹く消灯ラッパの音が、寮の暗い廊下に寒々と響きわたった。〈新兵サンハカワイソネー　マタネテナクノカヨー〉

もし人生で一つの場面を動画としてあの世にもっていけるとしたら、わたしはあの蹴球の場面を選ぶかもしれない。子どもたちが先生を信頼していたころ、少年に母がいたころ、甲種合格の青年が生きていたころ、サッカーが蹴球と呼ばれていたころ。

戦争のなかで生まれて

わたしは生まれた、太陽は天頂を過ぎ、火星と海王星は同じ星座にあった。

その日銀座の白木屋デパートで、火はクリスマスの飾りから燃えひろがり、十人をこえる若い男女の店員が死んだ。火事がわたしを呼び寄せたのか、母の胎内から、この火薬と幻滅の支配する世界へ。

「皇軍」はすでにハイラルを占領し、マンチューリに入城していた。日本はジュネーブの軍縮会議に「満州国否認条項」の削除を要求し、その要求がほぼ通った日、株式は新高値をつけた。

「不景気で明け　自殺で暮れた」といわれた一九三二年、幻滅が火薬を呼び、火薬が幻滅を呼んだ。リットン調査団の報告は「満州国」に広汎な自治を与えることを勧告し、年が明けた三月、日本は国際連盟を脱退した。

夜の街のおとなたちは一様に下を向いて、暗く、みな同じ方向へ歩いていた。アセチレンガスの灯火の下に茣蓙《ござ》一枚の夜店が並び、人びとはその前で立ちどまってはまた同じ方角へ流れていった。

一九三七年夏、おもちゃ屋の店先は剣や戦車に占領され、写し絵やままごと道具は片隅に追いやられた。わたしは棒切れを振りまわして隣の男の子と戦争ごっこをして遊んだ。戦争のなかで、わたしは大きくなった。

毎月の大詔奉戴日、わたしたちは教師に連れられて近くの神社で柏手《かしわで》を打ち、「紀元は二千六百年」の歌声をうつろに空に響かせた。シンガポール陥落の提灯行列のなかで、わたしは子ども時代に別れを告げた。

やがてわたしは生まれた土地から根こぎにされ、見知らぬところへ連れていかれた。そこでわたしたちはどんなにいがみあい、わずかな食べ物をめぐってお互いをさげすみ、憐れみあったことだろう。

街に帰ってきたわたしを待っていたのは、焼夷弾と猛火と欠乏と、そして死だった。頭上から襲う巨大な鉄の暴力の下で、わたしは自分の無力を知り、人間を打ちのめすものの存在を知った。

夏は耐えがたく暑く、縁故疎開先の穀倉地帯で、人びとは萎えていた。わたしはブラウスを蓬《よもぎ》でカーキー色に染め、竹槍をもって女学校に通った。「新型爆弾」のうわさとソ連の参戦のあと、遅すぎた敗戦がきた。

旧のお盆は、川に灯籠を流す女と子どもの姿だけが目についた。男たちのいない夏、わたしはひとり貧血の田をさまよい、発熱の午後の蝗《いなご》をとった。

ふたたび帰京したとき、焼け跡にはタケニグサが白っぽい粉を吹いた背丈をのばし、人びとはトタン板のバラックで暮らしていた。流された血の色をしたヒガンバナの細い花びらが、庭に咲き乱れていた。

冬が近づいていた、食糧不足と発疹チフスの冬が。上野の地下道では毎日二十人以上の凍死者が出た。超満員の電車のドアや連結器から、落ちて死ぬ若者もいた。十七歳、十九歳……今日は七人、昨日は八人。死はわたしたちをとらえて離さず、生はその道を探しあぐねていた。

わたしたちが新しい時代に何を求めたか、人びとがどんな時代をつくろうとしていたか。それは名づけられないもの、名づけようのないものだった。新しい源泉であり、たたかいと混沌だった。わたしたちはそのときに備えて鋭く目覚め、身構えていた。

だが占領軍は反共のスローガンを街に溢れさせ、焼け跡には東京音頭のむなしい明るさが響き渡った。開封された手紙には OPENED

BY US ARMY のセロテープが貼られ、子どもたちはジープのあとを追いかけていた。

一九四七年一月三十一日、ラジオから流れる男の泣き声は、占領軍の禁止命令によるゼネスト中止を伝えた。束の間の希望と、たたかわずして敗北した壊走の時。そのなかから古い支配層がふたたび頭をもたげた。

あれは何だったのか、古い建造物がことごとく灰となり、物は裸にされて物そのものとなり、人びとが自由だった時代、どんな未来でも可能に見えた、あの時。

いま　高層ビルディングの立ち並ぶ街で、人びとは何ものかの走狗となって走りまわっている。わたしたちはかけがえのない自由、死と引きかえに得た自由を、誰に売り渡してしまったのだろう。

ふたたび、仕掛け人の足跡をくらます砂埃のなかから、戦争の足音が聞こえてくる。皆殺しの歌が響いてくる。武器を売りつけ資本の帝国をひろげる戦争の足音が。

わたしたちが生きたのは二つの平和のあいだの戦争だったのか。それとも二つの戦争のあいだの、束の間の平和に過ぎなかったのだろうか。

北田中の山本さん

ある日、山本さんは馬に荷車を引かせてゆるやかな坂を降り、父の医院にやってきた。積んできた野菜を排泄物と交換するためだ。それ以来、山本さんは時期を見計らってはくるようになった。

山本家は石神井駅の北にある萱葺きの農家で、入り口には広い土間があった。家の脇の小屋には枯れ草が大人の背丈より高く積み上げられ、よく腐った下のほうをレーキで引っかくと、丸々と肥ったクリーム色の甲虫の幼虫が何匹も転がり出てくるのだった。

食糧が不足してくると、わたしたちは電車に乗って山本さんの畑に行き、農作業を手伝った。そして帰りにじゃがいもなどをもらい、リュックサックに入れてかついで帰った。霜柱の立つ冬の畑で、よく麦踏みをしたものだ。小父さんが歩いていく地下足袋の踵の跡に、ごぼうの種子を二粒か三粒ずつ蒔いたこともあった。

山本さん一家は戦争末期に空中戦の被害を受け、防空壕にいたおばあさんと四歳になるその孫娘が圧死した。わたしは学童疎開先で母の手紙によってそのことを知ったのだ。

半世紀ほど経った去年の秋、同じ石神井に住んでいた旧友にその話をすると、彼女は言下にいった。「それは北田中の山本さんでしょう」

山本さんの防空壕に爆弾を落としたのは米軍機ではなく、成増《なります》飛行場から飛び立った日本軍の特攻機だったという。ガソリン不足のため特攻機は松の根からしぼった松根油《しょうこんゆ》を使っていたが、馬力が出ないため爆弾を沖縄沖まで運ぶことができない。止むを得ず途中で落としていったというのだ。

「どうせ落とすなら田んぼに落とせばよかったのに」と友人はいった。だがあのあたりに田んぼはない。飛行士は畑に落としたつもりだったのだろうが……。

そのころ父の医院の前を流れる妙正寺川の州には、ときおりアヒルなどが流れついいた。上流の石神井あたりが空襲されたためだと噂されていた。家禽たちは爆弾でこわれた小屋からさまよい出たのだろう。

勤労奉仕で松の根を掘った話はよく聞いたが、松根油が特攻機に使われていたとは知らなかった。成増飛行場で陸軍特攻機の訓練が行なわれていたことも、発進した五十名近い若者が南の海に散ったことも。

わずかな爆弾と共に自爆していった特攻隊の青年たち、捨てた爆弾で殺された農家のおばあさんと女の子……戦争の惨禍はめぐりめぐって果てしがない。

Yデーの記録

　A王国では王が高齢に達し、その死も遠くないと考えられていた。人びとは王の死去の日をYデーと名づけ、その日のために入念に準備を進めていた。テレビ局やラジオ局ではその日にどういう音楽を流し、どういう番組を組むか、新聞社では紙面にどういう記事を載せるか、何ヵ月も何年も前から計画し、用意していた。社説もすでにほとんど書かれていた。

　連載物の筆者には依頼が飛んだ。Yデーとその近辺には清浄な原稿をいただきたい。不倫や離婚、家族崩壊などの生々しい主題は避けていただきたい。お祭りやお笑い、おめでたなどの話題も遠慮していただきたい。ついては、あらかじめ原稿をいただいておきたい。

王が重病に陥ったとき、人びとは大きな誤りを犯していたことに気がついた。Yデーまでは長い道のりがあったのだ。前《プレ》Yデーは前《プレ》Y週となり、さらに前《プレ》Y月となっていった。年を越して前《プレ》Y年となるかもしれなかった。王は人民の血で生きていた。王はかれの治世で生を全うしなかった多くの人民と同じ経験をしていたが、それほど苦しそうではなかった。王は超人であるという噂さえ流れはじめた。

政府は次の元号の相談をはじめた。外相は重要な国際会議への出席をとりやめた。宮廷庁は宮廷前広場にお見舞いの記帳所を設けた。多くの市町村がこれにならった。秋祭りを自粛する町や村が増え、自粛はたちまちデパートや商店街の大売出しから企業の運動会、一部の学園祭や結婚式にまで広がっていった。

ニュースキャスターや女子アナウンサーの服装は地味になった。テレビやラジオからはお笑い番組が消えた。清浄番組は不足をきたした。祭りをするには、「王は中止を喜ばれない」という言い訳が必要になった。ある校長の口からは「大御心《おおみこころ》」という言葉さえ洩れた。テレビは徹夜番組を流しはじめ、定期的に王の体温、脈拍数、呼吸数、血圧の上と下を発表した。

巷では製紙株と印刷株が急騰し、材木が値上がりした。万国旗が売れのこり、日の丸の弔旗は増産体勢にはいった。花屋では赤い花や蘭が売れなくなり、赤飯や紅白餅も同じ運命をたどった。小豆の値が暴落し、鯛の値が下がった。イベント屋の倉庫にはテントや紅白の幕、太鼓などが山積みになった。喜劇役者や落語家、漫才師、ピエロ、お笑いタレントは大幅に仕事が減り、売れない者から順に生活難に陥っていった。祭りのためのエビを大量に買いつけて夜逃げした者もいた。祭りの仕切り屋は破産した。正月用の注連《しめ》飾りや門松の業者は転業せざるを得なくなった。

報道関係者は疲労困憊していた。かれらは連日宮廷のいくつもの門の前に網を張って病状急変の兆候を探ったり、宮廷前に居座って徹夜で取材したりしていたが、非番の者もポケットベルの呼び出しに怯えなければならなかった。過労から病気になる者が出はじめていた。死者が出ることも予想された。

人びとは連日記帳所に詰めかけた。署名は二週間ほどで五百万人を超えたと報道された。テントのなかでは宮廷庁の役人が喪服姿で立ち、「ご家族のお名前もどうぞ」「ご近所の方のも」などと呼びかけていた。あらかじめ近隣や親戚の委託を受けてくる者もいた。宮廷庁から葉書で礼状がくるという噂を信じて記帳所に行った若い女性もいた。ある地方では学校を通して教員室に帳面がまわった。

王族たちは連日お見舞いをつづけていた。王の言葉がかれらや侍従長の口からときおりマスコミを通して伝えられたが、王の顔色についてはほとんど言及されなかった。黄疸が進んでいたのだ。王は病床から最後の政治をおこなっていた。それはかれが代々受けついできたとされる稲穂の王として、台風の心配をすることだった。

数十年前の大戦争の、最後の元首が死のうとしていた。王は人民の血で生きていた。これで王ははじめてわれわれの王になった、と言った街の床屋もいた。首相は王の病状をぬかりなく見守りながら、折から暴かれはじめていた一大疑獄事件が、政敵の一派に巨大な鉄槌を下そうとするのをじっと見つめていた。王国はほとんどの者が経験したことのない王の死という事件に向かって、暗闇のなかを突き進んでいた。

Ⅲ　夜の迷走

出逢い

あの銀杏《いちょう》並木のどのあたりで
わたしはあなたと別れたのだろう?

……あれは一九××年の秋だった
傾いていく太陽が
銀杏の葉むらを金色に染め
わたしの頭蓋の内側を
夕焼けの色に照らし出していた

わたしたちのあいだに
共につくるべき未来はすでになかった
まだ何もしないうちから
奪われつづけてきたものを
わたしは銀杏並木の
きらめきのなかに感じていた

あなたと再び出逢ったのも
あの銀杏並木の街だった
でもわたしにはもう
あなたを見分けることができなかった
あまりにもあなたは
ほかの女《ひと》たちと似ていたから

わたしは忘れてしまった
わたしがあなたを裏切ったのか
それとも　どこかで
見失ってしまったのか

あなたと三たび出逢うためには
なお遠い道を歩かなければならないだろう

海の色の眼をしたひとへ——中島通子さん*追悼

あなたとはじめて会ったのは
一九七〇年代のはじめ
ウーマンリブの運動が始まって間もなくのことだった
そのとき　あなたはいった
「働きたい女たちがみんな働くようになったら
日本は変わる　世界は変わる」　と
そしてこうもつけ加えた
「時代はわるくなっていくから

間に合わないかもしれないけれど……」

あなたは法廷の外でも
女性解放のためにたたかっていた
インスタントラーメンのコマーシャル
〈私作る人　僕食べる人〉に抗議の声をあげた
あの長い名前をもつグループの　活動的な会員だった
新宿御苑の近くにあったあなたの事務所には
いつも女たちの活気が溢れていたのだ

わたしはあなたが海を好きなことを知らなかった
でもいつもあなたに海を感じていた
海はあなたの眼のなかにあった
あなたの心にあった　それがわかったのは

ある日の反戦デモの最中《さなか》だった
あなたは海の色の眼をして
女たちの海のなかにいた

海はあなたを連れ去ってしまったけれど
今日も　女たちの海があなたをとり巻いている
あなたにはそれが見えているとおもう
わたしたちの声や歌が聞こえているとおもう
わたしたちはもう少し生きて
もう少し働いて……だから
あなたにさよならはいわない
もう少し目覚めていてください
そしてまた会いましょう
空か　海のどこかで

中島通子さん！

＊一九三五年生。弁護士。東大卒。働く女性への差別撤廃、働く権利の確立のために法廷に立ちつづけたが、二〇〇七年七月、休暇で訪れたハワイの海で急逝した。七〇年代～九〇年代のウーマンリブ／フェミニズム運動の一翼を担った「国際婦人年をきっかけとして行動を起こす女たちの会」の中心的メンバーの一人として活動し、男女雇用平等法にも貢献した。

夜の迷走

幾重にも入り組み、曲がりくねった腸管のなかを、わたしは這い進んでいた。頭のてっぺんと両肩に、匍匐《ほふく》の光る跡を残しながら。生涯のいくつかの場面が、夢としてフラッシュされていた。古い集合写真のようでもあった。だがわたしのねじれた一生は、それでは解明されない。

＊

数日後　わたしは詩を書く友人と一緒に、都会の地下を蛇行する腸管のような迷路をめぐっていた、詩の話をしながら。詩人たちが名ばかり求めていること、詩が読者を失っていること……。

わたしは彼女の詩に〈歴史の影と木洩れ日〉*ということばを見つけた。

詩とは、歴史の影に射す木洩れ日のようなものだろうか。

*佐川亜紀「さんざめく種」より

詩《ポエジー》がない？

誰かが詩をよんでいる。自作詩の朗読だ。積木を重ねるように、詩句をつみ重ね、それを一気に崩しながらよんでいく、巧みな詩だ。楽しませる。上のほうに紫色の縁までついている。夜空だろうか？

昔知っていた、それからちっとも会わなくなった若い詩人、いや若かった詩人だ。わたしは昨夜、かれの詩をよんだ。

かれはその詩で、なにかが無いことをしきりに語っている。なにかが足りない、欠けている。それを言葉で、カードの城を組み立てては崩すように、うたっている。額縁までついた特別な詩だ。かれが無いといっているのは、詩《ポエジー》だろうか？　嘆くのでもなく、感情をこめずに、ときどき笑わせたりもしながら。

わたしはかれの詩が瞬時に崩れるのを目《ま》の当たりにした。

遊郭

アジアかアラブの一国、と思えるところにわたしはいた。小学校時代の友だちが傍らにいる。鐘楼門の上に檻《おり》部屋があり、着飾った女たちが閉じこめられている。遊郭だ、とわたしたちは顔を見合わせる。インドで同じようなものを見た、とわたしはいう（本当だろうか?）。大阪の飛田《とびた》遊郭を思い出す。

別の友だちは最近アジアをまわってきた。ある国では特務機関にあとをつけられた、と彼女はいった。いま見ている夢は彼女からのメッセージだ。

歩いていくと崩れかけた集合住宅があり、わたしたちは一軒一軒扉をあけていく。一軒目には老人がいた。二軒目には人の姿はなく、壁際の台の下に老女の気配だけが残っていた。三軒目には男たちがいて、友だちがつかまった。逃げてほしい、と彼女はドアから半身をのけぞらせていう。ブラックリストと照合された、とも。ためらっているうちに、通りのほうから兵隊の気配が迫ってくる。

逃げられたら迎えにくる、といってわたしは走り出した。左へ行けば逃げられそうだが、もう間に合わない。右のほうへ行く。あちこちで撃鉄をおろす音が聞こえる。腰をかがめて近寄ってくる男たち。あと少しで曲がり角だ。間に合わないかもしれない。別の友だちのところにいたほうが安全だったかもしれない、遊郭に売られるにしても……。弾丸が、確実にわたしに止《とど》めをさすだろう。

友人たち

二〇〇四年二月十三日

夢のなかにNさんがいた。応接間のソファーのようなところで、彼女の姿だけが大きかった。彼女とはYさんへのいじめのことで喧嘩してから何年も経つ。二十年か、もっとだ。和解したいのかもしれない。

二〇〇八年十月十五日

小学校時代の女の級友と一緒に、わたしはひなびた宿にきていた。

温泉宿の雰囲気がある。日が暮れかかり、隣室では夕餉の支度がすすんでいる。一人二千六百円ずつ払うことになる。六百円は入会金で、二千円が夕食代だ。わたしはまだそのことを皆に話していない。もう一つ問題がある。Nさんがきているのだ。皆は彼女のいいなりになっている。彼女は宿のたたずまいが気に入らないだろう。学童疎開中にも、土地の子供たちを「田舎っ子」といって蔑んでいたのだから。皆を別のところへ連れていかなければならないかもしれない。

彼女はわたしが女子部を辞めたときのことを非難しはじめた。十月十七日が問題だという（今日は六十年後の十月十五日だ）。わたしは用意してきたその日の日記をとり出して、説明する。ここにはこう書いてあると……。皆は疑い深そうに聞いている。

わたしは不意に気づく。Nさんは二年前の七月に亡くなったのではないか。何人もの人が告別式に行ったはずだ。驚いたことに、Y

さんも行ったのだ。「いつまでも恨みをもっているのはいやなので」と彼女は電話で話した。

わたしはNさんの額を触ってみる。普通の体温だ。肩のあたりを触ってみる。生きている人のボリュームだ。

突然、彼女は崩れた。大型本の大きさに畳まり、枯葉の色になって、干乾びた。

わたしはそれを手にとって、ゆらいでいる線香の煙にかざしてみる。すると全質量を失って、それは姿を消した。敷かれていた一枚の紙だけがあとに残った。

わたしは紙をかざして見せる。皆は彼女の呪縛から解き放たれて、ざわめきはじめた。わたしのこともう問題にならない。楽しさが戻ってきた。

彼女は冥途でもあのことにこだわっているのだろうか。わたしたちが悪かったとわたしはいい、彼女はYさんが悪いといった。和解の機会もあったが、対立は解けないまま彼女は突然亡くなった。

昨夜、彼女は全力を振りしぼってわたしの夢に出てきたのだろう。そしてある場面を演じようとしながら、力尽きて、枯れ果て、消えた。

彼女のこだわりを、わたしは墓場までもっていかなければならないのだろうか。

Ⅳ　物語の真ん中

坂道

「みな健在かな」中目黒の喫茶店で久しぶりに会った夫はいった。かれの脳裏には赤ん坊の孫の姿が浮かんでいるのだろうか。「相変わらず眠れないんだ。一度は眠る、しかし眼が覚めてしまうんだ」「きみが看病してくれていることは、感謝している」

わたしは看病しているのではなく、人を送りこんでいるだけだ。

中目黒……結婚してすぐ住んだところだ。駅の階段をなだれ降りると駅前の混沌があり、公団住宅へ行く坂の右手に、家々がひしめいていた。はじめて行く喫茶店はその一角にあった。

「しかし……やむを得ないだろう」かれはつぶやいた。

わたしに、かれが次の長編小説の構想を得たことがわかった。その言葉の波が浮かんでくるのが見える。羅列する言葉の鈍色《にび》の鱗《うろこ》が、いっせいに坂道をなだれ落ちていく。

死んで何年にもなるのに、また……。

物語の真ん中

広い操車場を、死んだ夫が歩いている。地面ではレールが交錯し、空には電線が斜めに走り、あちこちで電車が動いている。車庫もある。わたしもそこにいるのだが、なぜきたのだろう……。かれが気になったのだろうか。お弁当をつくってあげなければ、と思っているようでもある（かれのためにそんなことをしたことはほとんどなかったのに）。

カメラの拡大ボタンを回したように、急に遠くの風景が拡大し、わたしは先の細いプラットフォームの先端にいた。かれは小柄な体を背広に包み、いつものようにまとまりのいい姿をして、わたしを見ている。斜めの線路の向こうから、一台の電車が走ってくる。かれは手際よく腰のあたりから手旗を出して、電車をわたしから離れた方向に誘導した。電車はかれの体すれすれに走っていく。おかげでわたしは助かったらしい。

わたしは理解した、納得した。長編作家であるかれは物語の、あるいはフィクションの真ん中にきているのだ。途中に、といってもいい。始源ではなく、終末でもなく、真ん中のところに。幾本もの電線のように、レールのように、物語の筋が伸びている。白い神経の束のようだ。物語がどうなるか、フィクションがどう進むかは、このあたりで決まる。人生もそうだ。かれは自分の物語をここで組み替えようとしているのだろうか。それとも様子を調べにきただけなのだろうか。

物語の、フィクションの、あるいは人生の筋の束がわたしの目の前で縦に伸びている。わずかに揺らぐようにも見えるが、そうでもない。

校正

　わたしは夫の本の校正をしている。目次には二つのエッセイの題名が並んでいる。そこだけ光が当たったように赤く輝いている。しかし原稿が入っていない。空白が広がっているだけだ。入れた記憶はある。だが詳しく読んではいない。

「原稿がありません」などと鉛筆で、最初の校正者が書きこんだページもある。たしか短いエッセイだった。晩年のもので、最後から三つか四つ目に書いたものだ。書き始めたころの昔の記憶を書いていた。遺稿の束から探し出して入れた記憶がある。

どこへ行ってしまったのだろう。あの厖大な原稿のあいだに塗りこめられてしまったのか。それをもう一度探し出す余力がわたしに残されているだろうか。ぶんぶん唸りをあげている蜂のように集合し、あちらこちらを向いて飛び立とうとしている文字＝言葉のなかから？

線路を探す

二つの駅を結ぶ線路に出れば生家にたどりつけると、わたしは思っていたようだ、その家のことは少しも思い浮かべずに。しかし線路は見えず、深い谷がうがたれている。

大型トラックが走りまわり、掘削機がほり起こした土砂を降ろしていく。機械が土を打ち付けるドスンドスンという音。アジア系の労働者が働いている。作業着姿の現場監督が、体を傾けて斜面をバイクで移動する。ダム工事が進行しているのだ。

一つの駅の坂の上には生家がある。その家が壊されようとしているのをわたしは知っている。同い年の八十三歳、もう寿命だから。

蔦に覆われた外壁、赤い瓦、部屋に這いこんでくる毛虫。祖母の部屋の柱には、黒ずんだ台湾ヒノキが使われていた。わたしが棒切れを振りまわしていた夏の庭には、いつも百日草が咲いていた（永遠のように）。

でもわたしの脳裡にその家は浮かばない。二つの駅のあいだにあるはずの線路を探して立ちつくしている。そこは六十年前の五月の小雨降る宵、往診帰りの女医の叔母が開閉器のない踏切でスクーターと共に電車に轢かれた場所でもある。

おびんずる様

港を背にして、露店市場がつづいていた。ブリやカレイ、南蛮エビやイカ、自家製の干物やみそ漬け、豚骨《とんこつ》、豚足《とんそく》、そして至るところに盛りあがっている各種のキムチや唐辛子粉が、市場を夕焼けの色に染めていた。大阪・鶴橋の在日韓国人の市場そっくりだったが、わたしは被差別部落の人たちが開いている市場だと感じていた。

新潟の港だということはわかっていた。母が小学生時代を過ごした都市《まち》だ。その市場のはずれに、母が座っていた。

港へむかう広い道路の中央で、台の上に座り、彼女は衣の裾を片側に長くのばしていた。その裾のひろがりは地中に張りめぐらした木の根のようで、しかもさらに地底深く根を流しこもうとしていた。からだ全体が灰色の、黒ずんだ光を放っていた。

その様子はどう見ても死者のものだ。顔に刻まれた皺も衣のひだも、鉛色をして、蒼味がかった凄い翳を帯びていた。

わたしは母に近づいていった。そして言った。「これから直江津へ行くの」

彼女はうなずいた。そして答えた。「そうかい……なんといっても直江津には港があるからねえ」

日本中、いや世界中を歩いた人だ。わたしはその厚く硬い、ひび割れた足裏に触ったことがある。直江津にも何度も行ったことがあるはずだ。

死者は語らぬという言葉通り、母はこれまで夢のなかでひと言も語らなかった。その人が口をきいたことに、わたしは納得していた。

彼女は道の真中に座り、港への道を塞いで衣の裾をひろげている。

おびんずる様だ、とわたしは思った。

　本堂の外陣に安置され、人びとがそれを撫でて病気平癒を祈る「なでぼとけ」だ。眼のわるい人は眼を、足のわるい人は足を撫でる。

　おびんずる様は釈迦の弟子で十六羅漢第一の仏だ。神通力に通じたが、濫《みだ》りに神通を用いたため釈迦の呵責を受けて涅槃《ねはん》に入ることを許されず、釈迦の滅後も衆生を救済しつづけるという。

　母はクリスチャンだったが、晩年にふと洩らしたことがある。

「なんといっても仏教には森羅万象というものがあるからねえ。……あたしは仏教の人たちとも一緒に平和運動をしたのよ」

　わたしはひどく疲れていたが、異常に暑かった夏をこえて秋を迎えた。

　おそらく母はあの場所で、わたしが死者の国へ行く道を塞いでいたのだ。

あとがき

山に降った雨が地下を流れつづけ、やがて泉となって麓に湧き出すように、意識下の経験が長い時間をかけて夢や幻想となって湧き出すことがある。それは地下の痕跡を刻印されている。

ことばが体のなかを回流して脳髄に達するように、夢や幻想は岩石という体をめぐって麓に達する。だから常に体を鍛えていなければならない。清潔に、というのではない。思考する体、感じる体、そして働く体が大切なのだ。

いっぽう詩の〝現場〟――それは人生の〝現場〟でもある――で生まれるイメージには、しばしば未来の可能性が射しこんでいる。未来を幻視することなしには生きつづることのできない経験が、詩を書かせるのであろう。

二〇一一年三月十一日、東北の太平洋岸で起こった大地震と大津波は、その地にいなかったわたしにとっても衝撃的な〝現場〟であった。そこから表題作をはじめとするいくつかの詩が生まれた。もっと現場に触れたいという思いが、翌年の陸前高田市行きにつながった。

最近十年近く、わたしは大地母神＝月母神の信仰文化を研究してきた。そこには死と再生の思想がある。ユーラシア大陸と違って日本には残存形態としてしか存在しないといわれてきた信仰文化だが、日本文化の深層にそれが深く根づいていることを感じないではいられない。

すべては回帰する、しかも姿を変えて……。

この詩集はわたしの十冊目の詩集である。二〇〇六年に前詩集『崖下の道』を出したとき、もう一冊詩集を出すようにと思潮社の小田久郎社主から励まされたことが忘れがたい。このたびその機会を与えられたことを感謝し、また出版の過程で適切な助言をいただいた藤井一乃氏と久保希梨子氏に、厚くお礼を申しあげたい。

二〇一七年二月十一日

高良留美子

初出一覧

Ⅰ　その声はいまも

その声はいまも　「現代詩手帖」二〇一一・六
いのり　「岩手日報」二〇一三・二・六
河の老人　『日韓環境詩選集——地球は美しい』土曜美術社出版販売、二〇一〇・十一

探す人　「神奈川大学評論」創刊60周年記念号、二〇〇八・七
胎児　「詩と思想」二〇〇九・五
希望という名の　「詩と思想」二〇一五・十一
歴史劇　「抒情文芸」127号、二〇〇八・七
天空のドラマ　「something」22号、二〇一五・十二
卵を埋める　「something」5号、二〇〇七・六
月女神を探せ　「現代詩手帖」二〇〇七・四
昆陽池《こやいけ》で　書き下ろし
人間の壁　「something」22号、二〇一五・十二
生きて　『3・11から一年——近現代を問い直す言説の構築に向けて』御茶の水書房、二〇一二・五

II　戦争のなかで生まれて

広島　『世紀を超えるいのちの旅——循環し再生する文明へ』彩流社、二〇一四・六

老兵たち　書き下ろし

サッカーが蹴球《しゅうきゅう》と呼ばれていたころ　「詩と思想」二〇一四・十二

戦争のなかで生まれて　「これでいいのかニュース」（日本はこれでいいのか市民連合）一九八一・十

北田中の山本さん　「詩と思想」二〇〇六・十

Yデーの記録　「詩組織」21号、二〇〇五・三

III　夜の迷走

出逢い　「詩と思想・詩人集二〇一二」二〇一二・八

海の色の眼をしたひとへ　「詩と思想」二〇一〇・十二（二〇〇八年一月十八日、「故中島通子さんに贈るコンサートとトークの会」で朗読。）

夜の迷走　「東京新聞」夕刊　二〇一六・十二・二十四

詩《ポエジー》がない？　書き下ろし

遊郭　書き下ろし

友人たち　「詩と思想」二〇一二・七（原題「昨夜の夢」）

Ⅳ　物語の真ん中

坂道　「ＲＩＭ」（アジア・太平洋女性学研究会会誌）33号、二〇一〇・九
物語の真ん中　「詩と思想」二〇一四・三
校正　「something」22号、二〇一五・十二
線路を探す　書き下ろし
おびんずる様　「詩と思想」二〇〇八・四

著者による本

詩集

『生徒と鳥』一九五八年　書肆ユリイカ
『場所』（第十三回H氏賞受賞）一九六二年　思潮社
『見えない地面の上で』一九七〇年　思潮社
『高良留美子詩集』一九七一年　思潮社・現代詩文庫43
『恋人たち』一九七三年　サンリオ出版
『しらかしの森』一九八一年　土曜美術社
『仮面の声』（第六回現代詩人賞受賞）一九八七年　土曜美術社
『高良留美子詩集』一九八九年　土曜美術社・日本現代詩文庫34
『風の夜』（第九回丸山豊記念現代詩賞受賞）一九九九年　思潮社
『神々の詩《うた》』一九九九年　毎日新聞社
『崖下の道』二〇〇六年　思潮社
『続・高良留美子詩集』二〇一六年　思潮社・現代詩文庫224

小説

『時の迷路・海は問いかける』一九八八年　オリジン出版センター

『発つ時はいま』一九八八年　彩流社
『いじめの銀世界』一九九二年　彩流社
『百年の跫音』上下　二〇〇四年　御茶の水書房

評論集

『物の言葉』一九六八年　せりか書房
『文学と無限なもの』一九七二年　筑摩書房
『高群逸枝とボーヴォワール』一九七六年　亜紀書房
『アジア・アフリカ文学入門』一九八三年　オリジン出版センター
『女の選択――生む・育てる・働く』一九八四年　労働教育センター
『母性の解放』一九八五年　亜紀書房
自選評論集全六巻『高良留美子の思想世界』　御茶の水書房
1『文学と無限なもの』一九九二年
2『失われた言葉を求めて』一九九二年
3『モダニズム・アジア・戦後詩』一九九二年
4『世界の文学の地平を歩く』一九九三年
5『高群逸枝とボーヴォワール』一九九三年
6『見えてくる女の水平線』一九九三年
『岡本かの子　いのちの回帰』二〇〇四年　翰林書房
『花ひらく大地の女神――月の大地母神イザナミと出雲の王子オオクニヌシ』二〇〇九年　御茶の水書房

『恋する女――一葉・晶子・らいてうの時代と文学』二〇〇九年　學藝書林
『樋口一葉と女性作家　志・行動・愛』二〇一三年　翰林書房
『わが二十歳のエチュード――愛すること、生きること、女であること』二〇一四年　學藝書林
『世紀を超えるいのちの旅――循環し再生する文明へ』二〇一四年　彩流社
『女性・戦争・アジア――詩と会い、世界と出会う』二〇一七年　土曜美術社出版販売

編著書・編書・共編書・共訳書

マジシ・クネーネ著『太陽と生の荒廃から――アフリカ共同体の詩と文学』一九八〇年　アンヴィエル
『タゴール著作集　第一巻　詩集Ⅰ』一九八一年　第三文明社
『アジア・アフリカ詩集』一九八二年　土曜美術社・世界現代詩文庫1
『天皇詩集』一九八九年　オリジン出版センター
『高良武久詩集』一九九九年　思潮社
『女性のみた近代』第Ⅰ期全25巻　二〇〇〇年　ゆまに書房
『高良とみの生と著作』全八巻　二〇〇二年　ドメス出版
『世界的にのびやかに――写真集　高良とみの行動的生涯』二〇〇三年　ドメス出版
『女性のみた近代』第Ⅱ期全22巻・別巻6　二〇〇四～二〇〇五年　ゆまに書房
田島民著『宮中養蚕日記』二〇〇九年　ドメス出版
高良美世子著『誕生を待つ生命――母と娘の愛と相克』二〇一六年　自然食通信社
『浜田糸衛　生と著作――戦後初期の女性運動と日中友好運動』上　二〇一六年　ドメス出版
『宗秋月全集――在日女性詩人のさきがけ』二〇一六年　土曜美術社出版販売

その声《こえ》はいまも

著　者　高良留美子《こうらるみこ》
発行者　小田久郎
発行所　株式会社思潮社
〒一六二―〇八四二　東京都新宿区市谷砂土原町三―十五
電話〇三（三二六七）八一五三（営業）・八一四一（編集）
ＦＡＸ〇三（三二六七）八一四二
印刷所　三報社印刷株式会社
製本所　小高製本工業株式会社
発行日　二〇一七年三月三十日